Christiane Gohl

Ein Pony für uns beide

cbj

DIE AUTORIN

Dr. Christiane Gohl wurde 1958 in Bochum geboren. Die promovierte Pädagogin arbeitet als freie Fachjournalistin und Werbetexterin. Seit ihrem zehnten Lebensjahr beschäftigt sie sich mit Pferden und reitet in verschiedenen Disziplinen. Pferdefreundliches Reiten und artgerechte Haltung sind ihr dabei besonders wichtig. Mit ihren Sachbüchern und Romanen avancierte sie in kurzer Zeit zu einer Bestseller-Autorin der Pferdebuchszene. Sie lebt in Spanien.

Christiane Gohl

Ein Pony für uns beide

Mit Illustrationen von
Eva Czerwenka

cbj

cbj
ist der Kinder- und Jugendbuchverlag
in der Verlagsgruppe Random House

Mix
Produktgruppe aus vorbildlich bewirtschafteten Wäldern, kontrollierten Herkünften und Recyclingholz oder -fasern
www.fsc.org Zert.-Nr. SGS-COC-004278
FSC

Verlagsgruppe Random House FSC-DEU-0100
Das für dieses Buch verwendete FSC-zertifizierte Papier
Profibulk von Sappi liefert IGEPA

1. Auflage
Erstmals als cbj Taschenbuch April 2009
Gesetzt nach den Regeln der Rechtschreibreform

Umschlagbild und Innenillustrationen:
Eva Czerwenka
Umschlaggestaltung:
Basic-Book-Design, Karl Müller-Bussdorf
im · Herstellung: ReD
Satz: Lorenz & Zeller, Inning a. A.
Druck: Těšínská tiskárna, a.s., Český Těšín
ISBN 978-3-570-21997-3
Printed in the Czech Republic

www.cbj-verlag.de

Ein Pferd in der Garage?

»Aber in der Garage ist doch reichlich Platz für ein Pony!« Leonie hat sich das schon ganz genau überlegt. »Und drum herum wächst sogar Gras, da hat es was zu fressen.«

Aber Mama verdreht nur die Augen. Das tut sie fast immer, wenn Leonie eine richtig gute Idee hat.

»Und das Auto, Leonie, wo stellen wir das hin?«, fragt sie dann.

»Das kann draußen bleiben. Dann wäscht es auch der Regen sauber und du brauchst es nicht so oft zu putzen!«

Leonie findet es völlig unsinnig, das Auto jeden Abend in die Garage zu fahren. Das Dach, der Boden und die Fensterscheiben sind schließlich dicht. Es regnet nicht mal dann hinein, wenn man durch einen richtigen Gewitterguss fährt. Also kann man es genauso gut vor dem Haus abstellen.

Hinter dem Haus, in der Garage, ist dann Platz für ein Pony. Leonie wünscht sich das Pony so sehr, wie sie sich noch nie etwas gewünscht hat. Und sie hat noch nie so lange auf die Erfüllung eines Herzenswunsches warten müssen.

Genau genommen träumt Leonie seit ihrem letzten Geburtstag von einem eigenen Pferd. Da war sie nämlich in einem Freizeitpark, in dem man auf Ponys reiten konnte, und Leonie hat sich in einen süßen, kleinen Schimmel verliebt. So ein Pony will sie nun auch haben.

Mama und Papa finden jedoch immer wieder Gründe dagegen: Ponys sind teuer und sie brauchen einen Stall und eine Weide. Beides hat Leonie nicht.

Außerdem, meint Mama, kann Leonie auch gar nicht reiten. Sie müsste zuerst in eine Reitschule gehen, um es zu lernen. Das findet Leonie den allergrößten Unsinn! Schließlich hat es auf dem Schimmel im Freizeitpark auch sofort geklappt. Und als Stall kann man doch einfach die Garage benutzen! Leonie ist ganz stolz auf diesen Einfall, aber Mama findet ihn wohl nicht so gut.

»Lass das bloß nicht Papa hören!«, lacht sie jetzt. »Der regt sich ja schon auf, wenn ich die Kiste tagsüber draußen stehen lasse. Nein, Leonie, die Garage gehört dem Auto. Und Frau Schulz würde auch gar nicht erlauben, sie einfach zweckzuentfremden.«

Leonie hat das Wort »zweckentfremden« zwar noch nie gehört, aber sie kann sich denken, was es bedeutet: Wieder kein eigenes Pony.

»Ein Pferd kann man auch nicht einfach irgendwohin stellen, damit es Gras frisst«, erklärt Mama weiter. »Es braucht eine richtige Weide mit einem Zaun drum herum. Und einen Stall mit Fenstern und Heulager und Futterkrippe und Stroh auf dem Boden. Was würde wohl Frau Schulz sagen, wenn wir Stroh in unsere Garage packten? Vom Misthaufen davor mal ganz abgesehen!«

Frau Schulz ist die Vermieterin und ziemlich streng. Sie schimpft schon, wenn Leonie nur ihr Fahrrad im Treppenhaus stehen lässt, oder wenn sie mit lehmigen Schuhen hereinkommt und auf den Treppen Spuren hinterlässt.

Leonie kann sich gut vorstellen, was sie zu Pferdeäpfeln vor der Garage sagen würde.

»Und die Wiese am Schulweg?«

Leonie mag trotzdem nicht aufgeben. Wenn sie zur Schule geht, kommt sie immer an einer schönen grünen Wiese vorbei. Ein wundervoller Platz für ein Pony! »Können wir nicht herausfinden, wem die gehört, und dann fragen, ob wir sie benutzen können?«

Mama schüttelt den Kopf. »Die Wiese bekommst du auch nicht umsonst. Und außerdem steht kein Stall darauf. Nein, Leonie, vergiss es. Wir brauchen kein Pony. Jedenfalls jetzt noch nicht. Wenn dein kleiner Bruder oder deine kleine Schwester erst mal da ist und wir vielleicht mal ein eigenes Haus haben – dann können wir darüber nachdenken. Aber jetzt? Unmöglich.«

Mama wendet sich ab und schaut wieder auf ihren Computer, an dem sie Bilder bearbeitet. Mama ist Grafikerin und kann zu Hause arbeiten. Dann sind Leonie – und das demnächst zu erwartende Baby – nicht allein.

Leonie weiß nicht genau, ob sie sich wirklich auf das Baby freut. Zu oft ist es ein Grund dafür, ihre Wünsche abzuschmettern. Als wären ein Bruder oder eine Schwester besser als ein eigenes Pony oder doch wenigstens ein Hund!

Der geheimnisvolle Zaun

Mama will jetzt nicht mehr gestört werden, und so beschließt Leonie, ein bisschen nach draußen zum Spielen zu gehen. Vielleicht trifft sie ja Jan oder Lea. Mit Jan kann man prima herumstreunen und nach möglichen Plätzen für das Pony suchen. Und Lea hat eine ganze Sammlung von Barbie-Pferdchen. Die bringt sie manchmal nach draußen und lässt sie vor den Garagen Gras fressen. Es sieht schön aus, wenn sie auf der grünen Weide stehen. Auch ohne Zaun.

Aber was das angeht, hat Mama natürlich Recht. Die Barbie-Pferdchen laufen nicht weg, aber ein echtes Pony kann schon auf die Idee kommen, die Welt auf eigene Faust zu erkunden. Leonie überlegt, ob es wohl teuer ist, einen Zaun aufzustellen – und wie man es Frau Schulz am besten beibringt. Sie muss das unbedingt mit Jan besprechen.

Heute findet Leonie aber weder Jan noch Lea. Vielleicht ist es ihnen ja zu warm und sie sind im Freibad. Seit ein paar Tagen ist es brütend heiß, die Luft steht in den Straßen der Stadt.

Leonie schlendert zu ihrer Traumwiese auf dem Schulweg hinüber. Der Zaun ist nicht mehr ganz dicht, man kann leicht hindurchklettern und auf der Weide spielen. Ein paar Bäume stehen auch darauf und an einer Stelle bilden die Büsche fast so etwas wie eine grüne Höhle.

Jan und Leonie haben sich das gestern angesehen und dabei »Höhlenforscher im Dschungel« gespielt.

Heute schleicht sich Leonie aber besser nicht auf die Wiese. Dafür sind zu viele Leute da. Sie hört Rufe und Gelächter, und als sie näher kommt, sieht sie auch zwei Autos davor. Vor einem davon liegen Werkzeuge und Rollen mit breiten Kunststoffbändern. Außerdem ein paar neue Zaunpfähle.

Zwei Männer sind damit beschäftigt, die kaputten alten Pfähle herauszureißen und dafür neue einzusetzen. Zwei junge Frauen lösen den alten Stacheldraht und schrauben dafür schwarze Kunststoffringe in das Holz der Zaunpfosten. Dabei lachen und schimpfen sie, wenn sie sich am Stacheldraht piksen. Das tut weh, das weiß auch Leonie.

»Richtig gefährlich ist der Zaun gewesen, so konnten wir sie wirklich nicht herstellen!«, sagt eine der Frauen zu der anderen.

Die nickt. »Ja, und schon total verrostet. Aber ein bisschen Sorge habe ich doch mit dem Elektrozaun. Hoffentlich klettern sie da nicht mal irgendwo durch. Fanny ist ganz schön einfallsreich!«

Die andere Frau tippt sich an die Stirn. »Unsinn, was Sichereres gibt es nicht! Und dann Breitband und dreilagig! Da kommt kein Hamster mehr durch!«

Die Frauen beginnen nun, das breite weiße Plastikband durch die Kunststoffringe zu ziehen. So entsteht ein neuer Zaun, der sehr sauber und ordentlich aussieht. Aber ob man wirklich Hamster darin halten kann? Werden sie das Plastik nicht durchkauen?

Leonie muss an den Hamster ihrer Freundin Sarah denken. Der ist mal aus seinem Käfig ausgebrochen und hat das ganze Fernsehkabel durchgeknabbert. Sarahs Eltern waren ziemlich sauer!

Außerdem sind Hamster winzig klein, die passen doch selbst unter dem untersten Band noch durch. Irgendwas haben Leonie oder die Frau da falsch verstanden. Oder es hängt mit dem Wort »Elektrozaun« zusammen. Vielleicht baut das Gerät ja so eine Art Kraftfeld auf, das die Hamster drin und alle anderen Leute draußen hält? In den Comicheften, die Jan so gern liest, kommt so was dauernd vor. Und wenn es richtig gebaut ist, stoppt es sogar Superman!

An diesem Abend hat Leonie jedenfalls etwas zu erzählen.

»Auf die Weide, auf der mein Pony stehen sollte, kommen jetzt Hamster!«, erklärt sie. »Ich weiß nicht, wie viele, aber jedenfalls haben sie ein Kraftfeld aufgestellt, damit sie nicht weglaufen. Dafür haben sie ein teures Gerät

aufgestellt, das funktioniert mit Sonnenenergie. Und ist dreilagerig oder so.«

Leonies Vater sieht sie stirnrunzelnd an. »Aber du hast noch keine kosmischen Lichtstrahlen gesehen, oder? Und die Leute dort – die sahen nicht zufällig aus wie Außerirdische?«

Mama lacht. »Marsmenschen, die Weiden für Hamster mit Kraftfeldern einzäunen?«, fragt sie. »Ich glaube, Leonie war heute einfach ein bisschen zu lange in der Sonne …«

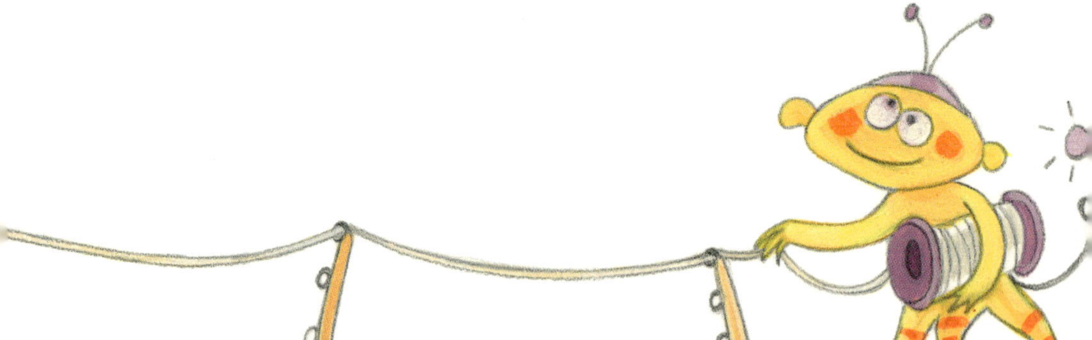

Doch keine Hamster

Auch Jan will die Sache mit den Hamstern nicht recht glauben. Leonie erzählt sie ihm gleich morgens auf dem Schulweg. Sie haben sich wie immer vor Jans Haus getroffen, und wie jeden Morgen im Sommer brauchte Leonie gar nicht zu klingeln, um ihn herunterzurufen. Jans Familie hat nämlich einen Balkon, auf dem sie in der warmen Jahreszeit frühstückt. Und von da aus ist Leonies roter Haarschopf schon von weitem zu erkennen.

»Du leuchtest wie eine Laterne!«, zieht Jans Mama sie manchmal auf, und dann wird Leonie auch im Gesicht ganz rot. Fehlt nur noch, dass einer »Ampel« zu ihr sagt! Das ist Paul aus der Schule letztes Jahr mal eingefallen, als Leonie ein gelbes T-Shirt trug. Rote Haare, grüne Augen und gelbes T-Shirt, wie eine Fußgängerampel! Der Spitzname hat sich ein paar Tage gehalten, und seitdem passt Leonie höllisch auf, ja nichts Gelbes mehr anzuziehen.

Jan neckt sie eigentlich nicht, der ist ihr Freund. Aber als sie jetzt von den Hamstern erzählt, tippt er sich doch an seine breite sommersprossige Stirn, wozu er aber erst mal sein blondes Wuschelhaar nach hinten streichen muss. Jans Haare wachsen wild und in alle Richtungen wie eine Ponymähne.

»Hamster hält man nicht auf Wiesen, die hält man im Käfig. Mit Laufrad. Und ein Kraftfeld anzulegen ... Mensch, das ist doch streng geheime Technik, die Geräte dafür kannst du nicht einfach im Laden kaufen!«

»Du wirst es gleich sehen!«, erklärt Leonie. Schließlich führt ihr gemeinsamer Schulweg an der Wiese entlang. Aufgeregt weist sie auf die Kunststoffbänder und die schwarzen Ringe. »Schau! Und hier zwischen verläuft das Kraftfeld!«

Jan lacht laut. »Mensch, Leonie, du spinnst wirklich! Das ist kein Kraftfeld, das ist ein Elektrozaun! Siehst du hier die kleinen Drähte in den Kunststoffbändern? Wenn man das Gerät einschaltet, läuft da Strom durch. Und wer es anfasst, bekommt einen elektrischen Schlag. Das ist ganz schrecklich!«

»So schrecklich, dass man tot ist?«, fragt Leonie entsetzt.

Die jungen Leute gestern auf der Weide haben eigentlich nicht ausgesehen, als bauten sie Todesfallen für Kinder.

»Du nicht, aber vielleicht ein Hamster!«, kichert Jan. »Den schmeißt es wahrscheinlich glatt hintenüber. Aber für uns ist es nur eklig, nicht gefährlich. Hat meine Mama mir erklärt, als ich letztes Jahr im Urlaub an so einen Zaun drangefasst habe. Es waren Pferde drin und ich wollte sie streicheln.«

»Die Leute tun Pferde in so einen schrecklichen Zaun, damit sie sich wehtun?« Leonie ist entsetzt. »Ist das gemein! Das täte ich nie mit meinem Pony. Und die armen Hamster!«

Jan verdreht die Augen. »Also ich weiß ja nicht, was der Zaun hier soll«, meint er. »Aber für Hamster ist er bestimmt nicht gedacht. Die könnten doch drunter durchkriechen. Nöö, wahrscheinlich stellen sie Kühe drauf. Oder Pferde.«

Leonie weiß nicht, ob sie sich Pferde auf der Weide wünschen soll. Natürlich hätte sie gern welche in der Nähe. Aber wenn die dann immer gleich einen elektrischen Schlag bekommen, wenn Leonie mit ihnen schmusen will …

In der Schule malt sie ein Bild von ihrem kleinen Schimmel. Er steht auf einer grünen Wiese mit Blumen darauf und natürlich gibt es keinen ekligen Stromzaun drum herum.

Nach der Schule ist die Weide immer noch unberührt. Aber jemand hat Wasserbottiche dort hingebracht und sie auch schon gefüllt. Also kommen wohl wirklich Tiere auf die Koppel. Wenn auch sicher keine Hamster. Für die sind die Tränken zu hoch angebracht. Außerdem könnten sie im tiefen Wasser ertrinken. Die Hamstersache muss tatsächlich ein Missverständnis sein. Leonie schämt sich ein bisschen, weil jetzt sicher alle über sie lachen.

Und dann, am nächsten Morgen, sind sie da! Als Leonie und Jan an der Weide vorbeikommen, entdecken sie zwei Ponys im hohen Gras. Sie sind nicht groß, das Gras reicht ihnen bis zu den Bäuchen, aber auch nicht so winzig, dass Leonie sie nicht reiten könnte. Eigentlich haben sie sogar genau die richtige Größe. Allerdings ist keins davon ein Schimmel. Eins ist rötlich braun mit heller Mähne und Schweif, das andere ein lustiger Schecke. Leonie ist hingerissen.

»Guck nur, das eine hat fast die gleiche Haarfarbe wie ich! Man nennt das einen Fuchs, glaube ich, weil es fuchsrot ist. Und das andere ist ja süß! Glaubst du, sie kommen, wenn ich sie rufe?« Leonie drängt sich so nah an den Zaun, dass sie ihn fast berührt. Zum Glück kann Jan sie noch im letzten Moment zurückreißen.

Die Ponys traben inzwischen auch schon ungerufen heran. Unternehmungslustig strecken sie den Kindern ihre Nasen entgegen.

»Sie haben Hunger! Wartet, ich suche mein Schulbrot!«, ruft Leonie aufgeregt und kramt in ihrer Tasche. Auf einem ihrer Brote ist Butter, auf dem anderen Nutella. Sie überlegt kurz und hält den Ponys das Butterbrot hin. Vorsichtig zwischen den Elektrobändern hindurch. Das erste Pony schnappt herzhaft zu – und erwischt dabei beinahe Leonies Hand. Sie zieht sie rasch weg und kommt dabei an den Zaun! Der elektrische Schlag durchzuckt ihre Finger bis in den Arm hinein. Leonie springt so plötzlich weg, dass sie Jan fast dabei umreißt. Sie selbst findet sich jedenfalls auf dem Hintern wieder.

»Na, was hab ich gesagt?«, grinst Jan. »Vom Gefühl her bestimmt genauso eklig wie'n Kraftfeld. Aber keine Angst, es hört gleich auf. Du hast noch ein paar Sekunden ein taubes Gefühl im Arm, aber dann ist es vorbei.«

Leonie reibt sich die Hand. Eigentlich will sie anfangen zu weinen, aber dann lässt sie es doch. Jan würde sie sowieso nicht trösten. Außerdem war es auch mehr der Schreck als wirklicher Schmerz, der sie umgerissen hat. Vom Strom merkt sie schon gar nichts mehr. Also wird sie lieber wütend, statt zu heulen.

»Die armen Ponys! Wenn die da mal mit der Nase drankommen! Das muss erst wehtun! Wie können die Leute bloß so gemein zu so netten Ponys sein?«

Jan zuckt die Schultern. »Weiß ich auch nicht. Aber nun los, wir müssen jetzt weiter, sonst kommen wir zu spät. Die Ponys sind nachher bestimmt auch noch da.«

Zwei neue Freunde

Die Ponys scheinen schon zu warten, als Leonie und Jan aus der Schule kommen. Sie traben sofort auf die Kinder zu und spitzen die Ohren, als Jan in seiner Tasche kramt. Er hat bei seinen Schulbroten einen Apfel gefunden und für die Ponys aufgehoben. Leonie hat auch noch das halbe Nutellabrot. Das kommt allerdings nicht so gut an wie der Apfel. Während die Ponys von der Frucht manierlich abbeißen, nehmen sie das Brot zwar ins Maul, kauen aber nur unlustig daran herum und spucken es dann aus. Eins zieht sogar ulkig die Oberlippe hoch und zeigt seine nutellaverklebten Zähne. Dabei kräuselt es seine kleine Nase, als rümpfe es sie.

»Meine Mami hat immer gesagt, von zu viel Zucker krieg ich Karies!«, übersetzt Jan aus der Ponysprache. Leonie kichert.

Inzwischen interessiert sich das andere Pony doch noch für das Brot, aber es liegt zu nah am Zaun. Das Pferdchen traut sich nicht, es aufzuheben.

»Vielleicht können wir es tiefer durchschieben«, überlegt Jan.

Leonie schüttelt den Kopf. »Es wäre besser, den Zaun gleich auszuschalten! Dann können sie sich gar nicht mehr wehtun. Du, die Frauen haben das Gerät da hinten in der Buschhöhle versteckt. Bestimmt finde ich es, wenn ich irgendwie auf die Weide komme.«

»Aber wie willst du das machen, ohne einen Schlag zu kriegen?«, fragt Jan. »Durch den Zaun kriechen? Das ist ganz schön riskant!«

»Aber jemand muss den armen Ponys doch helfen. Und ich bin klein, ich krieg das hin!« Leonie überlegt nicht lange. Sie nimmt den Schulranzen ab und legt sich flach auf den Boden. Dann robbt sie langsam und vorsichtig unter dem Zaun durch. Die Ponys kommen sofort, um mit ihr zu schmusen. Leonie krault sie ausgiebig. Dann macht sie sich auf die Suche nach dem Gerät. Sie findet es sofort, schon deshalb, weil es in gleichmäßigen Abständen tickt. Und auch das Ausschalten ist

ganz einfach. Es gibt einen großen Knopf, an dem »Ein/Aus« steht. Leonie holt tief Luft und drückt darauf. Das Ticken verstummt. Trotzdem traut sich Leonie nicht, den Zaun beim Herauskrabbeln zu berühren.

Eins der Ponys hat da weniger Hemmungen. Es streift den Zaun, als Jan jetzt nach weiteren Schulbrotresten sucht, und tatsächlich geschieht nichts. Leonie hüpft vor Freude! Sie haben die Pferdebesitzer überlistet. Nur schade, dass jetzt kein Futter mehr da ist. Jan findet zwar noch ein halbes Schinkenbrot von gestern, aber das mögen die Ponys nicht.

Trotzdem geben sie Jan und Leonie noch das Geleit bis zum Ende der Weide. Dann wenden sie sich wieder dem Gras zu.

Am nächsten Morgen steckt Leonie ein paar Mohrrüben für die Ponys ein und Jan bringt trockenes Brot mit. Die Ponys freuen sich sehr darüber. So machen sich Leonie und Jan auch nichts daraus, dass mittags ein großes Schild mit der Aufschrift »Bitte nicht füttern! Kolikgefahr!« an der Weide hängt.

»Was heißt denn ›Kolikgefahr‹?«, fragt Jan und gibt dem kleinen Schecken eine Weingummischnecke, die er vorhin am Kiosk gekauft hat.

Leonie zuckt die Schultern. »Keine Ahnung. Aber die Leute sind ja sowieso blöd. Der Zaun ist auch wieder an, ich höre das Ticken. Pass auf mit den Leckerlis, ich mache ihn erst wieder aus!«

Beim zweiten Mal ist das Unter-dem-Zaun-Durchkriechen schon viel einfacher. Leonie schaltet das Gerät in einer Sekunde aus und hat dann viel Zeit, mit den Pferden zu schmusen. Besonders der kleine Fuchs gefällt ihr. Wenn sie den jetzt noch reiten könnte! Dann wäre es fast so, als hätte sie ein eigenes Pferd.

Jetzt wird geritten!

In den nächsten Wochen besuchen Jan und Leonie die Ponys vor und nach der Schule. Nur sonntags trauen sie sich nicht, nach ihnen zu sehen. Dann sind nämlich manchmal Leute auf der Koppel. Leonie schleicht sich einmal hin, um zu sehen, ob sie die Ponys reiten, aber das tun sie nicht. Die beiden Frauen vom letzten Mal fummeln nur am Zaun herum und machen dann ein Picknick auf der Weide.

Leonie beobachtet, wie sie mit den Ponys schmusen und sie striegeln. Dazu haben sie buntes Putzzeug mitgebracht.

Das fuchsfarbene Pony hat einen roten Kunststoffstriegel und die passende Bürste dazu und das Scheckpony einen blauen. Die Ponys scheinen das Putzen zu genießen, und Leonie beschließt im Stillen, auch mal eine Wurzelbürste mitzubringen und die zwei richtig durchzustriegeln. Das tut man ja auch, wenn man ein eigenes Pony hat.

Am nächsten Tag schleppt sie tatsächlich ein Sortiment von Bürsten an und Jan und sie probieren sie an den Pferden aus. Der Schecke findet eine richtig harte Scheuerbürste am schönsten. Wenn Jan ihn damit putzt, zuckt seine ganze kleine Nase vor lauter Begeisterung.

Leonies Fuchs mag es weicher. Er genießt die Behandlung mit einer Schuhbürste. Leider wird er dabei ein bisschen schwarz, weil noch Schuhkrem daranklebt. Jan will sich darüber ausschütten vor Lachen.

»Vom Putzen sollten sie doch sauber werden! Oder willst du einen Rappen aus ihm machen?«

Leonie versucht, dem Pony die schwarze Schmiere mit Wasser aus der Tränke abzuwaschen, aber das möchte der Fuchs nicht. Er trollt sich und schlägt dabei leicht in Leonies Richtung aus. Leonie geht rasch in Deckung. Es gefällt ihr nicht, dass beide Ponys manchmal drohend ihre Hinterhufe heben oder sogar kicken, wenn die Kinder irgendetwas tun, was sie nicht mögen. Zum Glück ist Leonie geschickt genug, um immer rechtzeitig auszuweichen. Jan hat der Schecke allerdings neulich getroffen. Er ist genauso schwungvoll auf den Hintern gefallen, wie Leonie bei ihrem ersten Kontakt mit dem Elektrozaun.

»Jetzt kommen wir schon drei Wochen jeden Tag her und füttern und putzen die Ponys«, meint Jan am nächsten Morgen nach der Schule. »Ich finde, es wird langsam Zeit, sie zu reiten. Für all die Leckerlis sollten sie uns auch mal spazieren tragen.«

»Aber wir können sie doch nicht aus der Koppel herausholen«, überlegt Leonie. »Wenn uns dabei einer sieht, kriegen wir Ärger. Außerdem braucht man zum Reiten einen Sattel. Und ein Halfter.«

»Indianer brauchen keinen Sattel!«, erklärt Jan. »Und ein Halfter kann man sich ganz leicht aus Stricken knüpfen. Pass auf, heute Nachmittag mache ich eins. Dann können wir morgen reiten.«

Leonie spürt ein bisschen Herzklopfen vor dem ersten Aufsitzen, aber Lust dazu hat sie schon! Also zieht sie am nächsten Morgen extra eine feste Jeans und Turnschuhe an, obwohl es wieder ein heißer Sommertag ist. In Jeans und Turnschuhen kann man reiten, das hat sie gelesen. Besser sind natürlich richtige Reithosen und Stiefel, aber für den Anfang muss es so gehen. Sie haben ja auch keine Sättel.

Jan sieht ebenfalls wie ein Reiter aus. Er hat sogar dicke Wanderschuhe angezogen. Das allerdings auch, weil sein Schecke ihm immer wieder gern auf die Füße steigt. Die Ponys gehen überhaupt nicht sehr vorsichtig mit den Kindern um. Leonies Fuchs hat sie sogar schon mal gebissen. Bestimmt ist es besser, sie jetzt am Halfter zu halten. Jan hat auch tatsächlich zwei mitgebracht. Sie sind aus Paketband zusammengeknotet, und es sieht richtig gut aus, als die Kinder sie den Ponys über die Köpfe ziehen. Zügel sind auch dran.

»Soll ich erst oder willst du?«, fragt Jan. Sie

haben sich darauf geeinigt, dass einer das Pony festhält und führt, während der andere reitet.

Leonie zögert. »Ich weiß nicht ... Bevor wir reiten ... sollten wir ihnen da nicht erst Namen geben? So ein Pferd ohne Namen ...«

»Die Ponys haben doch Besitzer – und damit bestimmt auch Namen«, meint Jan. Er ist ungeduldig und will lieber gleich aufsitzen.

»Ach, die Besitzer zählen nicht, die machen sich ja gar nichts aus ihnen!«, erklärt Leonie. »Ich nenne mein Pony jedenfalls ›Silberhaar‹.« Sie krault den Fuchs unter seinem grauweißen Stirnschopf.

»Gut, dann heißt meins ›Wirbelwind‹!«, sagt Jan rasch. »Aber jetzt will ich reiten. Komm, wir führen ihn zu dem Baumstumpf da, von da aus kann ich aufsitzen.«

Die Kinder versuchen, Wirbelwind in Richtung des Baumstumpfs zu ziehen und zu zerren, aber es funktioniert nicht. Erst als Leonie ihm eine Möhre hinhält, folgt er ihr eifrig und stellt sich dann auch brav neben

die Aufstieghilfe. Kauend blickt er sich nach Jan um, der jetzt vorsichtig das Bein über seinen Rücken hebt. Silberhaar ist ebenfalls näher gekommen und sieht interessiert zu.

Jan greift in Wirbelwinds Mähne und will sich gerade hinaufschwingen. Da jedoch tönt eine empörte Stimme über die Weide: »Hört augenblicklich auf damit! Untersteh dich, das Pony zu reiten!«

Ertappt!

Wirbelwind und Silberhaar erschrecken derart, dass sie sofort losstürmen. Wirbelwind reißt Leonie dabei um, und Jan, der schon halb aufgesessen ist, fällt auch ins Gras.

So ist Weglaufen aussichtslos. Die junge Frau ist jetzt schon auf der Weide und kommt rasch auf die Kinder zu. Sie wird sie auf jeden Fall erwischen, bevor sie unter dem Zaun durchkrabbeln können.

»Hier geblieben!«, ruft sie denn auch, als die beiden es wenigstens versuchen. Energisch zieht sie Leonie am Hosenbund zurück und hält auch Jan auf.

Leonie erkennt sie jetzt als eine der Frauen, die beim Zaunbau geholfen und dann auch sonntags die Ponys besucht haben. Ihre Freundin hat sie »Susanne« oder »Suse« genannt.

Jan steht neben dem Baumstumpf wie ein begossener Pudel.

»Jetzt sagt ihr mir mal, was ihr euch dabei gedacht habt?«, schimpft die junge Frau. »Ihr wart das doch auch mit dem Zaun und dem Füttern und der Schuhkrem auf Leona, oder? Was sollte das? Wisst ihr nicht, dass es verboten ist, auf anderer Leute Weiden zu gehen? Das ist Hausfriedensbruch!«

»Hausfriedensbruch« klingt schrecklich, wie Polizei und Gefängnis. Leonie kommen die Tränen.

»Tut … tut … tut mir Leid, aber wir wollten den Ponys doch nichts tun!«, entschuldigt sie sich. »Sie hatten bloß Hunger, und …«

»Hunger?«, fragt die Frau. Sie ist zierlich und hat langes dunkelbraunes Haar. Bestimmt hätte sie ganz nett ausgesehen, wenn sie nur nicht so wütend geguckt hätte. »Die Pferde stehen hier bis zum Bauch im Gras! Die haben reichlich zu fressen. Und Schinkenbrote und Nutella mögen sie sowieso nicht. Zum Glück. Da waren die Ponys wieder mal klüger als die Menschen. Sonst hätten sie sich womöglich den Magen verdorben. Könnt ihr nicht lesen?«

Sie weist auf das Schild »Kolikgefahr«.

»Kolik ist eine ganz schlimme Krankheit, da können die Pferde dran sterben. Zumindest bekommen sie fürchterliche Bauchschmerzen. Und was sollte das mit dem Zaun? Wolltet ihr sie freilassen, oder was?«

»Sie sollten sich nicht wehtun«, schnieft Leonie. »Haben Sie sich schon mal einen Schlag von so einem Gerät geholt? Das ist ganz schrecklich!«

»Ein ... ein Hamster würde bestimmt dran sterben!«, kommt Jan ihr zu Hilfe.

Die junge Frau muss zum ersten Mal lachen. »Bei einem Hamster würde ich die Spannung auch deutlich verringern. Aber ein Pferd kann etwas ab. Außerdem sind Ponys vorsichtig. Wenn sie einmal einen Schlag bekommen haben, gehen sie so schnell nicht wieder an den Zaun. Deshalb sind Fanny und Leona jetzt ja auch noch da. Wenn sie entdeckt hätten, dass der Zaun ausgeschaltet ist, wären sie längst ausgebrochen. Und könnt ihr euch vorstellen, was dann passiert? Hier in dieser Gegend, mit den vielen Straßen?«

Leonie nickt widerstrebend.

»Heißen sie so?«, fragt sie. »Fanny und Leona? Weil … ich bin nämlich Leonie … und wir hatten sie Silberhaar und Wirbelwind genannt.«

Die junge Frau lächelt. »Das sind ja auch sehr schöne Namen. Aber die beiden hier heißen Fania und Leonella – Fanny und Leona. Tatsächlich fast wie du. Aber deshalb durftest du sie doch trotzdem nicht mit Schuhkrem beschmieren oder gar reiten!«

»Ich wollte sie nicht dreckig machen …« Leonie erzählt von ihrer Putzaktion mit der Schuhbürste. Die junge Frau krault währenddessen die fuchsfarbene Fanny. Als die kleine Stute dabei versucht, spielerisch nach ihr zu schnappen, gibt sie ihr einen Klaps auf die Nase.

»Nicht hauen!«, meint Leonie ängstlich.

Die junge Frau verdreht die Augen. »Soll ich mich lieber beißen lassen? Im Übrigen seid ihr daran schuld, dass ich sie bestrafen musste. In der letzten Zeit sind die Ponys nämlich immer frecher geworden. Das passiert leicht, wenn jemand sie dauernd aus der Hand füttert und mit ihnen umgeht, ohne zu wissen, wie man es richtig macht. Es sind ja noch Babys …«

»Es sind Babys?«, fragt Jan verwundert. »Dafür sind sie aber ganz schön groß. Man kann sie doch schon reiten.«

Die junge Frau schüttelt den Kopf. Ihre langen Haare fliegen dabei so wild um sie herum wie Leonas Mähne, wenn sie sich nicht von Jan an der Nase berühren lassen will.

»Kann man eben nicht! Wir hatten sogar schon überlegt, ob wir eure Idee aufgreifen und sie selber mit Schuhkrem oder mit sonst was Schmierigem einreiben sollten, damit ihr es ja nicht versucht! Fanny und Leona sind gerade mal ein Jahr und zwei Monate alt. Reiten kann man sie nicht, bevor sie drei sind. Und auch dann müssen sie vorher erst in die Schule gehen. Man setzt sich nicht einfach drauf und reitet los, sondern gewöhnt sie ganz langsam an das Reitergewicht und die Hilfen.«

Jan schaut sie verwundert an. »Dann hätte Wirbelwind mich abgeworfen, wenn ich wirklich aufgesessen wäre, oder?«

Die junge Frau nickt streng. »Garantiert. Und womöglich hättest du dir dabei wehgetan.

Außerdem wäre es schlimm für Fanny gewesen. Sie hätte dann gleich gelernt, dass Reiten etwas Unangenehmes ist. Dabei wollen wir eigentlich, dass die Ponys es mögen. So, und jetzt muss ich sie erst mal wieder einfangen. Bevor sie sich in eurem komischen Strickhalfter verfängt. Das ist nämlich auch ganz schön gefährlich!«

Jan und Leonie überlegen, ob sie weglaufen sollen, während Susanne zu Fanny geht und ihr das Halfter abnimmt. Aber dann bleiben sie doch da. Die Frau kommt auch gleich zurück.

»Was mache ich denn jetzt mit euch?«, fragt sie und spielt unschlüssig mit dem Strickhalfter. »Eigentlich müsste ich euch ja zur Polizei bringen. Oder wenigstens euren Eltern Bescheid sagen …«

»Oh, bitte nicht!«, ruft Jan. Sein Vater ist

ziemlich streng. »Wir wollten doch gar nichts Böses tun!«

»Wenn Sie meinen Eltern sagen, ich hätte bei den Ponys alles falsch gemacht, kriege ich nie ein eigenes. Und dabei wünsche ich mir das doch so!«, weint Leonie.

Die junge Frau knabbert auf ihrer Lippe herum. Sie ist wirklich ganz nett. Vorhin hat sie sich nur so schrecklich aufgeregt. »Na schön. Aber wenn hier noch einmal etwas vorkommt, finde ich euch. Und dann gibt's keine Gnade, verstanden! Und jetzt versprecht ihr mir, ganz sicher nie wieder auf diese Weide zu kommen. Großes Indianerehrenwort!«

Leonie und Jan können es gar nicht schnell genug versprechen.

»Das war's dann mit dem eigenen Pony«, seufzt Leonie, als die beiden nach Hause trotten.

Susanne folgt ihnen langsam mit dem Auto. Vielleicht glaubt sie, die Kinder merken das nicht, aber Jan und Leonie kann sie nichts vormachen: Sie will herausfinden, wo die beiden wohnen. Wenn sie noch mal bei ihren Pferden aufkreuzen, wird sie die zwei bei ihren Eltern verpetzen.

»Hätte aber auch schlimmer kommen können«, murmelt Jan.

Die Ponys sind los!

In der Nacht träumt Leonie von ihrem Pony. Jetzt findet sie es süß, dass der kleine Fuchs auf der Weide nicht Silberhaar heißt, sondern Leonella, fast genau wie sie. Das hat sicher etwas zu bedeuten. In ihrem Traum ist Leonella erwachsen und Leonie reitet sie zu. Dabei gibt sie sich viel Mühe und ist ganz lieb zu dem Pony, damit es keine Angst hat und buckelt. Am Ende des Traums galoppieren sie über die Weide … und dann über die Straße … aber da sind Autos und Leonella scheut … Leonie hört eine Sirene … ein Polizeiauto, blaue und weiße Lichter geistern durch ihren Traum …

Aber dann schlägt sie die Augen auf und stellt erschrocken fest, dass auch ihr Zimmer hell erleuchtet ist! Das Blinken der Lichter und die Sirene des Polizeiwagens stammen gar nicht aus ihrer Fantasie, sondern sind Wirklichkeit. Leonie springt aus dem Bett.

Was ist da wohl los auf der Straße? Neugierig blickt sie aus dem Fenster – und sieht zu ihrem Entsetzen etwas Kleines, Fuchsfarbenes über die Straße flitzen! Leona! Die Ponys müssen ausgebrochen sein, und die Polizisten versuchen jetzt, sie zu fangen. Allerdings stellen sie es nicht sehr geschickt an. Leonella ist völlig in Panik und flüchtet entsetzt vor all den Autos und Menschen, die offensichtlich hinter ihr her sind.

Und wo steckt Fanny? Hoffentlich ist ihr nichts passiert! Womöglich ist sie unters Auto gekommen, bevor jemand die Polizei angerufen hat! Vor Leonies innerem Auge erscheinen Schreckensbilder von Fanny, die verletzt oder gar tot auf der Straße liegt.

Aber nein, da ist sie! In Lichtgeschwindigkeit rast das Scheckpony hinter einem Polizeiwagen hervor und folgt Leona.

Leonie ist erleichtert. Vorerst jedenfalls. Doch dann ergreift sie erneut eisiger Schrecken. Wenn die Ponys in diese Richtung weiterlaufen, kommen sie erst auf eine große, stark befahrene Straße und dann gleich auf den Autobahnzubringer! Da ist auch in der

Nacht viel Verkehr. Die Ponys müssen unbedingt aufgehalten werden, bevor sie dort so kopflos über die Straße stürmen wie hier.

Leonie zieht blitzschnell ihre Jeans über. Sie muss raus, die Ponys fangen. Vielleicht haben Jan und sie ja alles falsch gemacht, aber immerhin kennen Fanny und Leona die Kinder. Vor Jan und Leonie haben sie keine Angst und bestimmt lassen sie sich von ihnen fangen.

Leonie stürzt aus der Wohnung, vorbei an ihren verblüfften Eltern und rennt auf die Straße, mitten in das Durcheinander aus Polizeiautos, Blinklichtern und Sirenen.

Aber was soll sie jetzt machen? Sie atmet auf, als sie Jan sieht. Er steht auf der Straße und redet aufgeregt auf einen Polizisten ein. Sicher hat er die Sirenen ebenfalls gehört und sich das Gleiche gedacht wie Leonie.

»Doch, bestimmt!«, sagt er gerade zu dem Polizisten. »Ich kenne die Ponys. Sicher kann ich sie fangen.«

Leonie erkennt, dass Jan die Reste des

Paketbandes bei sich hat, aus dem er gestern die Halfter geknotet hat.

»Aber Sie müssen die Sirenen ausmachen und diese Blinklichter! Davor haben sie Angst. Sonst sind sie ganz lieb ...«

Der Polizist ist leider nicht allzu leicht zu überzeugen.

»Wenn ich die Sirenen und die Alarmlichter ausschalte, brettern die anderen Autofahrer hier in vollem Tempo rein und überfahren womöglich euch beide, dein Pony und dich. Wo sind überhaupt deine Eltern? Bodenloser Leichtsinn, die Weide nicht richtig einzuzäunen!«

»Es sind nicht seine Ponys«, kommt Leonie Jan zu Hilfe. »Wir haben sie bloß immer gefüttert. Und mit der Weide ...« Sie bricht ab. Es wäre viel zu kompliziert, dem Polizisten die Sache mit dem Elektrozaun zu erklären. Dabei fühlt Leonie sich hier ganz schön schuldig. Sie hat schließlich den Zaun abgeschaltet, bevor Jan seinen Reitversuch wagte, und Susanne muss vergessen haben, ihn hinterher wieder anzuknipsen. Und jetzt laufen die Pferde tatsächlich frei auf der Straße herum.

»Wem gehören sie denn dann?«, fragt der Polizist. »Wir müssen unbedingt die Besitzer ausfindig machen.«

»Vor allem müssen wir die Ponys fangen!«, drängt Jan. »Bitte, Sie müssen den Krach ausschalten, sonst kriegen wir sie nie.«

Statt leiser zu werden, nimmt das Sirenengeheul jetzt aber erst mal zu. Der Polizist hat wohl Verstärkung gerufen, denn nun nähert sich ein weiterer Streifenwagen mit Blaulicht aus Richtung Autobahn. Die Ponys finden sich genau zwischen den beiden lärmenden Autos wieder und dementsprechend steigt ihre Panik.

In der Not suchen sie irgendeinen Ausweg – und finden schließlich den schmalen Plattenweg, der um Leonies Haus herumführt.
Mit klappernden Hufen galoppieren die Pferde über die Steinfliesen und verschwinden im Hinterhof. Leonie hofft, dass dabei nichts zu Bruch geht. Sonst gibt es am Morgen bestimmt Ärger mit Frau Schulz. Aber andererseits bietet

der Hinterhof eine Chance, die Ponys zu retten!

»Wir packen sie in unsere Garage!«, erklärt Leonie mit einem Blick auf das Familienauto. Mama hat schon wieder vergessen, es nach dem Einkaufen in die Garage zu fahren, und jetzt steht es vor dem Haus am Gehweg. Die Garage ist also frei. Wenn sie nun auch noch offen ist …

»Komm!«, ruft Leonie Jan zu, und die beiden flitzen den Ponys hinterher um die Hausecke.

Der hintere Hof ist dunkel und ziemlich friedlich. Das Blaulicht reicht nicht bis hierher und auch die Sirenen sind nicht mehr zu hören. Anscheinend hat der Polizist sie nun wirklich abgeschaltet. Fanny und Leonie beruhigen sich denn auch schnell. Sie traben nur einmal um den Hof, zeigen aber keine Lust, durch die Ausfahrt zu verschwinden. Stattdessen senken sie die Köpfe und fressen etwas von dem Gras, das sich trotz aller Ordnungsbemühungen der Vermieterin auf dem Hof hält. Leonie hat das Gefühl, dass ihr Traum wahr geworden ist: Nun stehen tatsächlich Ponys vor ihrer Garage und knabbern Gras.

Jan denkt praktischer und geht schon auf Fanny zu.

»Ich fange sie ein!«, erklärt er, aber da hat er nicht mit dem Pony gerechnet. Fanny ist viel zu aufgeregt, um sich gleich brav das Halfter anlegen zu lassen wie gestern auf der Weide. Sie äugt misstrauisch zu Jan hinüber und geht ein paar Schritte weg, als er sich nähert. Leona setzt sich sogar in Trab.

Abenteuer um Mitternacht

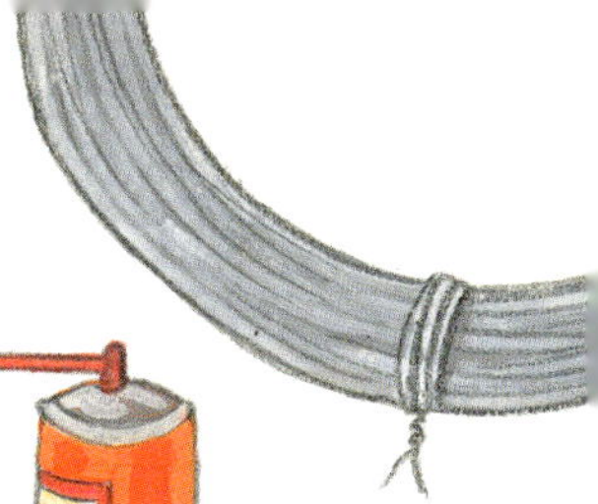

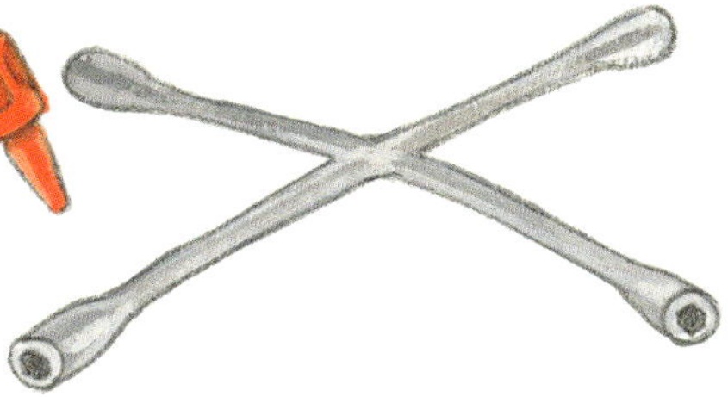

»So bringt das nichts, es ist besser, wir treiben sie in die Garage«, meint Leonie. »Pass du auf, dass sie nicht weglaufen, ich mache sie auf.«

Hoffentlich hat Mama auch vergessen, die Garage abzuschließen! Ihre Eltern streiten sich immer darüber, ob das wirklich nötig ist. Papa hat ein paar Werkzeuge in der Garage und fürchtet, jemand könnte sie klauen, wenn die Garage offen bleibt. Mama meint dagegen, wer das alte Zeug mitnähme, wäre selber schuld. Und wer sollte wohl auch durch die Gegend laufen und an allen Garagentüren rütteln?

Leonie versucht es jetzt jedenfalls und sie hat Glück. Das Tor schwingt sofort auf. Das Geräusch, das es dabei macht, erschreckt allerdings Fanny. Die kleine Stute macht einen entsetzten Hupfer weg vom Gras. Eine schreckliche Sekunde lang denkt Leonie, sie würde vielleicht wieder über den Plattenweg und zurück auf die Straße rennen.

Fanny hält aber gleich wieder an. Sie scheint keine Lust mehr zu haben, wegzulaufen. Und Leona nähert sich sogar neugierig. Bestimmt würde sie hinter Leonie in die Garage tappen, wenn irgendetwas zu futtern da wäre. So bleibt sie aber besorgt draußen stehen. Ganz süß sieht das aus. Das Pony hat den Kopf hoch erhoben und steht praktisch in Alarmstellung. Seine Nüstern sind gebläht und es macht ganz große Augen. Aber es traut sich nicht, näher zu kommen.

»Leonie! Hier, Leonie!« Während Leonie noch verzweifelt überlegt, was sie tun soll, hört sie Mamas Stimme vom Hintereingang. »Komm, ich hab Brot. Damit kannst du sie locken!«

Leonie fällt ein Stein vom Herzen. Also hat Mama auch an die Garage gedacht! Langsam, um den Ponys bloß keine Angst zu machen, geht sie auf den Hintereingang zu. Mama trägt einen Morgenmantel über dem Nachthemd, der über ihrem dicken Babybauch spannt. Leonie denkt an ihren kleinen Bruder oder ihre kleine Schwester. Später wird sie ihm oder ihr von der Ponyjagd erzählen. Bestimmt wird er oder sie sich dann auch ein eigenes Pferd wünschen. Und zu zweit können sie vielleicht sogar Papa davon überzeugen, dass die Garage viel besser für Ponys geeignet ist als für das dumme Auto.

Inzwischen hört Leonie auch Papa im Treppenhaus. Anscheinend hat er vorher vor dem Haus nach Leonie gesucht, aber jetzt kommt er nach hinten.

Mama schaut sich etwas nervös nach ihm um. Sie kann sich wohl denken, was er von der Idee mit den Ponys in der Garage hält.

»Hier, aber sei vorsichtig!«, murmelt sie hastig und hält Leonie eine Plastikschüssel voller Brotreste und Möhren entgegen. Dann spricht sie mit Papa.

Leonie schaut zu den Ponys, aber die knabbern immer noch friedlich Gras. Jan ist bei ihnen und passt auf sie auf. Leonie ruft Fanny und Leona und hält ihnen die Plastikschüssel mit dem Brot entgegen. Hoffentlich haben die

Ponys keine Angst davor! So ein großes hellgelbes Ding – wer weiß, ob sie das schon einmal gesehen haben! Die Ponys sind jedoch nicht dumm. Als sie die Schüssel erkennen, streben sie sofort auf Leonie zu. Sie muss fast rennen, um sich vor ihnen in Sicherheit zu bringen. Fanny und Leona folgen ihr im Trab in die Garage und Jan schlägt das Tor hinter ihnen zu. Geschafft!

Natürlich erschrecken die Ponys zuerst, als das Tor scheppernd ins Schloss fällt. Aber sie machen nur ein paar Hupfer, dann finden sie das Futter wieder interessanter.

Leonie will das Brot und die Möhren gerade gerecht unter den Pferden aufteilen, als Mama und Papa aufgeregt die Seitentür der Garage öffnen.

»Leonie! Ich habe mich ja zu Tode gefürchtet, als Jan dich hier mit den zwei Bestien eingesperrt hat! Haben sie dir bestimmt nichts getan?« Mama wirkt ganz aufgelöst.

Leonie lacht. »Das sind doch keine Bestien. Schau, sie sind ganz lieb, du kannst sie streicheln. Eben auf der Straße hatten sie nur solche Angst.«

Mama wirkt nicht ganz überzeugt, obwohl sie nun tatsächlich vorsichtig über Fannys Mähnenkamm streicht. »Jetzt kommst du aber lieber mit raus. Wer weiß, was sie machen, wenn sie aufgefressen haben.«

»Aber wir können sie doch hier nicht allein lassen!«, meint Papa. »Wenn sie nun etwas kaputtmachen!«

Mama zuckt die Achseln. »Dann müssen uns das die Besitzer später ersetzen. Aber hier sind sie jedenfalls sicher. Oder willst du sie wieder auf die Straße jagen?«

Papa guckt noch nicht ganz überzeugt, aber dann hören alle den ersten Streifenwagen in der Einfahrt. Um den Hinterhof des Mietshauses zu erreichen, muss man um den Block herumfahren, und die Männer haben wohl ein paar Minuten gebraucht, um die richtige Einfahrt zu finden. Immerhin haben sie die Sirenen und sogar das Blaulicht inzwischen ausgeschaltet.

Als Leonie und ihre Eltern aus der Garage kommen, begrüßt Jan bereits strahlend die Polizisten.

»Alles klar, die Ponys sind in Sicherheit!«, verkündet er. »Wir haben sie einfach in Leonies Garage getrieben.«

Der Polizist guckt skeptisch. »Mit dem Auto drin?«, erkundigt er sich bei Leonie.

»Das Auto ist zum Glück draußen«, erklärt Leonies Vater.

»Und da drin können die Ponys gar nichts anstellen«, behauptet Leonie.

»Abgesehen davon dass sie wahrscheinlich alle Regale umwerfen und meine Werkzeuge durcheinander bringen werden!«, stöhnt Papa. »Von der Farbe, die sie ausschütten, und den Fliesen, die sie zertreten können, gar nicht zu reden!«

Papa will am Wochenende die Küche renovieren und das Material lagert schon in der Garage.

»Bis morgen früh dürfen sie aber trotzdem bleiben«, mischt Mama sich jetzt ein. »Es sei denn, sie treiben die Besitzer heute Nacht noch auf.«

Der Polizist zuckt die Schultern. »Wir versuchen es zumindest. Aber es ist nicht leicht. Meine Kollegen haben schon in drei Reitställen nachgefragt, aber bisher weiß keiner was. Das Einfachste wäre wirklich, bis morgen zu warten. Garantiert rufen die Leute gleich die Polizei an, wenn sie merken, dass die Pferde weg sind.«

»Dann machen wir das doch so«, bestimmt Mama. »Meine Tochter wollte schließlich schon immer ein Pony in der Garage. Und wenn etwas kaputtgeht, müssen die Leute es eben bezahlen. Haben die zwei sonst noch was angestellt?«

Der Polizist schüttelt den Kopf. »Nein, zum Glück nicht. Wir wurden von einem Autofahrer alarmiert, der hat sie auf der Straße gesehen. Na, und als wir kamen und das Blaulicht einschalteten, haben sie sich erschreckt und sind weggelaufen. Vorher waren sie ganz ruhig. Ihre Kinder hatten wahrscheinlich Recht, am Anfang hätte man sie ganz leicht fangen können. Na ja, nun ist ja alles gut. Aber den Besitzern werden wir was erzählen!«

Die Ponysensation

Mama, Jan und Leonie warten auf dem Hof, bis die Polizisten abgefahren sind. Dann sagt Mama den Kindern, dass sie eben noch Wasser für die Ponys in die Garage bringen sollen. Ein Eimer dazu findet sich in ihrer Küche, aber schleppen muss Leonie das Wasser selbst. Papa hätte ihr hier eigentlich helfen können, aber der ist immer noch brummig. So ist es ganz schön anstrengend. Leonie keucht ein bisschen, als sie die Treppen zum zweiten Mal hinunterläuft. Außerdem kommt jetzt auch noch Frau Schulz auf den Flur und fängt an, sich mit Mama zu streiten. Ponys in der Garage, so erklärt sie, sind im Mietvertrag eindeutig nicht vorgesehen!

Leonie und Jan fliehen zu den Pferden, die jetzt ganz ruhig stehen. Anscheinend sind sie müde nach ihrem Abenteuer und bisher haben sie noch nichts von den Regalen geholt. Fanny stöbert nur neugierig zwischen Papas Winterreifen herum.

»Wir müssten etwas Heu oder so für sie auftreiben«, meint Jan. »Können wir nicht gerade bei Sophia klingeln? Die hat doch Meerschweinchen.«

Das ist eine gute Idee und tatsächlich treffen sie Sophia sogar schon auf dem Flur. Frau Schulz' und Mamas Stimmen haben inzwischen auch die letzten Mieter geweckt, und natürlich brennt Sophia darauf, die Ponys in der Garage zu sehen. Sie ist etwas älter als Jan und Leonie und mag sonst nicht mit den beiden spielen. Die Ponysensation will sie sich aber nicht entgehen lassen. Außerdem hatte sie auch gleich die Idee mit dem Heu. Nun bringt sie eine ganze Packung Meerschweinchenheu mit und einen riesigen Beutel

Einstreu. Die Sägespäne bekommt ihr Papa aus der Tischlerei, damit braucht sie nicht zu sparen. Ob sie allerdings ausreichen, ein Bett für zwei Ponys zu machen?

Die Kinder versuchen es jedenfalls. Während Sophia hingerissen Heu verteilt, leeren Jan und Leonie die Späne auf dem Garagenboden

aus. Es wirkt ziemlich ärmlich, aber bestimmt ist es gemütlicher für die Pferde, als auf dem harten Garagenboden zu schlafen. Die Ponys scheinen es allerdings eher für eine Art Toilette zu halten. Leona geht schnaubend darauf zu, stellt sich breitbeinig hin und lässt einen dicken Strahl Pipi ab. Die Späne sind damit schon fast vollständig nass. Fanny setzt gleich noch einen Haufen Pferdeäpfel daneben.

»Dann müsst ihr eben auf dem Stein schlafen!«, meint Leonie tadelnd. »Mehr Einstreu gibt's jetzt nicht.«

»Und ihr geht auch ins Bett!«, ruft Mama den Kindern von der Tür aus zu. »Morgen ist schließlich Schule. Auch für Ponyfänger!«

Am nächsten Morgen fragt sich Leonie, ob sie die Sache mit den Ponys in der Garage nicht vielleicht doch nur geträumt hat. Rasch läuft sie noch vor dem Frühstück herunter, um nach den Pferden zu sehen. Sophia ist ihr allerdings schon zuvorgekommen und hat noch einen Sack Heu mitgebracht. Außerdem ein bisschen Meerschweinchenfutter.

»Mann, fressen die viel!«, wundert sie sich. »Ich glaube, um ein Pony zu haben, muss man Millionär sein. Heute Nacht haben sie schon Heu für fünf Euro gefressen und satt sind sie immer noch nicht.«

Das stimmt. Fanny und Leonella kommen sofort auf Leonie zu, um ihre Taschen zu durchsuchen. Mit einer Packung Meerschweinchenheu sind sie in zehn Minuten fertig.

»Vielleicht wird es billiger, wenn man viel mehr kauft«, überlegt Jan, der auch gerade eintrifft. »Oh, Mann, sieht es hier aus! Wir müssen nachher unbedingt aufräumen, sonst kriegt dein Vater Anfälle!«

Leonie merkt erst jetzt, dass die Ponys die Garage ziemlich verwüstet haben. Die Winterreifen sind über den ganzen Raum verteilt und voller stinkender Sägespäne. Eine Packung Kacheln ist zu Bruch gegangen und ein Regal haben die Ponys auch umgeworfen. Zum Glück nicht das mit der Farbe. Aber sicher wird es Stunden dauern, all die Nägel und Schrauben, die ordentlich nach Größe in Marmeladengläsern sortiert gewesen waren, wieder einzusammeln. Die Marmeladengläser sind zum Teil auch zerschlagen.

Leonie seufzt. »Das machen wir nach der Schule. Jetzt müssen wir erst mal frühstücken

und dann los, sonst kommen wir zu spät. Und irgendwie müssen wir auch Susanne benachrichtigen. Die kriegt doch einen Schreck, wenn die Ponys weg sind! Und dann ruft sie die Polizei an und die stauchen sie auch noch mal zusammen! Wer weiß, vielleicht bekommt sie sogar eine Anzeige. Und dabei ist doch eigentlich alles unsere Schuld.«

Jan nickt. »Wir hängen einfach einen Zettel für sie an den Weidezaun. Dann weiß sie, wo sie die Ponys suchen muss.«

Leonie schreibt den Brief an Susanne in Schönschrift, bevor sie zur Schule aufbrechen.

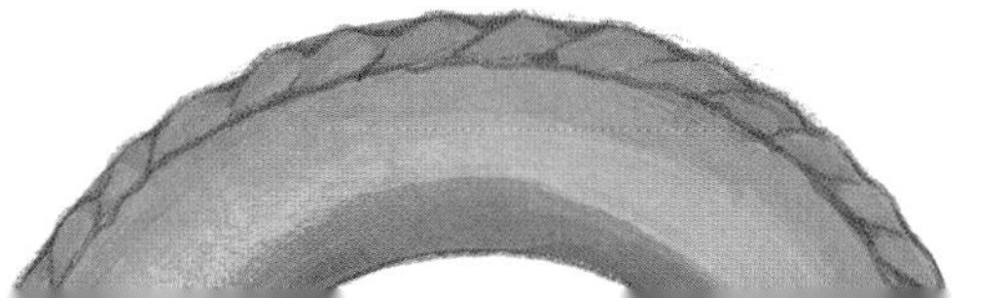

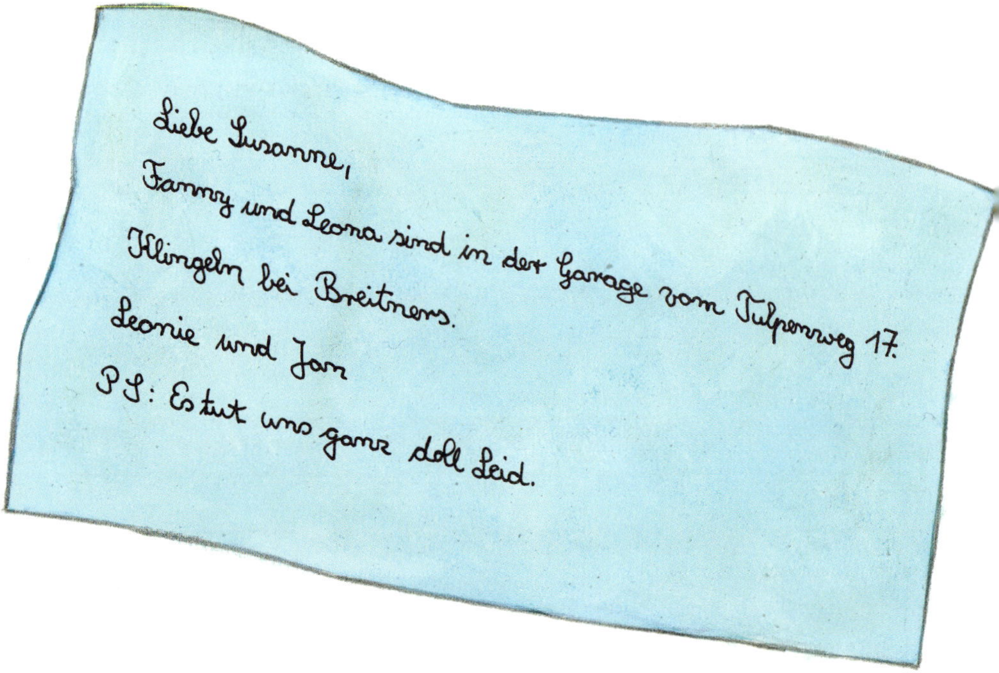

»Na, hoffentlich weht der Wind ihn nicht weg«, meint Jan und befestigt den Brief möglichst sicher am Koppelzaun. Es sieht heute zum ersten Mal seit längerer Zeit nach Regen aus.

Leonie und Jan spähen deshalb den ganzen Morgen hindurch unruhig durchs Fenster und können sich gar nicht auf Mathe, Sprache und Sachunterricht konzentrieren. Sie sind sehr froh, als die Schule endlich zu Ende ist, und rennen gleich los Richtung Weide. Der Zettel ist weg! Aber weder hat es geregnet, noch wehte besonders viel Wind. Also muss Susanne ihn gefunden haben. Aber die Ponys hat sie noch nicht zurückgebracht.

»Vielleicht ist sie ja noch bei euch zu Hause«, hofft Jan. »Los, wir rennen. Wer schneller da ist!«

Was für ein Chaos!

Leonie schießt los und ist viel früher an ihrer Haustür als Jan. Sie besiegt ihn eigentlich immer, aber er mag das nicht zugeben und fordert sie jeden Tag wieder heraus.

Leonie überlegt kurz, ob sie klingelt oder gleich weiter nach hinten rennt. Jan trifft die Entscheidung für sie und sprintet sofort zum Plattenweg. Damit hat er natürlich einen Vorsprung.

»Erster!«, schreit er, als sie im Hof ankommen.

»Das gilt nicht!«, will Leonie zurückgeben, aber dann vergessen die Kinder den Wettlauf. Auf dem Hof sind nämlich Stimmen zu hören:

Mamas, Susannes und die zänkische Stimme von Frau Schulz. An der Teppichstange sind Fanny und Leona angebunden. Mama und Susanne sind dabei, die Garage sauber zu machen.

»Nun regen Sie sich mal nicht auf, es ist ja nichts passiert!«, versucht Susanne, Frau Schulz zu beruhigen. »Die Platten sind doch alle heil geblieben und das Chaos in der Garage haben wir gleich beseitigt. Die Kacheln sind natürlich hin, aber das bezahle ich Frau Breitner gleich. Ich bin ja so froh, dass Sie die Ponys eingefangen haben und dass sie hier übernachten durften.«

Susanne lächelt Mama zu. Die grinst zurück und fegt weiter Sägemehl zusammen.

Frau Schulz regt sich aber noch ein bisschen über »die Geruchsbelästigung« auf und dass man ja glatt einen weiteren Müllcontainer brauchte, um den ganzen Ponydreck zu beseitigen. Aber dann kommt Sven, ihr Enkel, auf dem Motorrad um die Ecke geschossen. Fanny und Leona erschrecken fürchterlich über seinen knatternden Auspuff und diesmal haben sie Frau Schulz auf ihrer Seite! Sie wendet sich von Mama und Susanne ab und staucht erst mal ihren Enkel zusammen.

»Fahr langsam mit deinem Teufelsgerät. Wie oft soll ich dir das noch sagen? Du machst ja sogar die Pferde scheu! Und dabei sind das fast noch Fohlen!«

Mama und Susanne lachen. Und jetzt entdecken sie auch Leonie und Jan.

»Da seid ihr ja«, meint Mama. »Ihr könnt sofort mitmachen und Nägel sortieren. Papa hat das hier noch gar nicht gesehen, ich habe ihn gleich mit dem Auto zur Arbeit geschickt.

Wenn ihr jetzt auch beim Aufräumen helft, kriegt er gar nicht mit, was mit seinem wunderbaren Werkzeug geschehen ist.«

Dem Werkzeug ist eigentlich gar nichts passiert, es ist nur voller Pferdemist. Leonie ekelt sich schrecklich, aber ihr bleibt nichts anderes übrig, als jeden Hammer und jede Zange einzeln ins Wasser zu stecken und mit der Wurzelbürste sauber zu schrubben.

»Die Freuden der Pferdehaltung«, lacht Susanne. »Wünschst du dir jetzt immer noch ein Pony?«

Leonie nickt ernst. »Klar, aber das mit der Garage war vielleicht doch nicht die beste Idee. Kann ich es nicht mit zu Fanny und Leona auf die Weide stellen?«

Susanne schüttelt den Kopf. »Nein, das geht nicht. Und Fanny und Leona bleiben da ja auch nicht. Wir benutzen die Weide nur für ein paar Wochen im Sommer – als Kindergarten für die Fohlen sozusagen. Der Bauer hat uns erlaubt, sie dort grasen zu lassen – er braucht sie nicht. Aber für Pferdehaltung im Winter ist sie nicht geeignet. Was meinst du, wie das matscht, wenn es da regnet. Und ein Stall ist auch nicht drauf.«

»Aber die Büsche sind doch ganz dicht«, kommt Jan Leonie zu Hilfe.

Susanne verdreht die Augen. »Im Winter verlieren die aber auch ihre Blätter. Dann regnet es durch und das Heu wird nass. Das geht alles nicht. Aber ich mache euch einen anderen Vorschlag. Sozusagen als Belohnung fürs Ponyfangen. Wollt ihr Sonntag mit zu mir nach Hause kommen und Leonas und Fannys Mamas kennen lernen? Auf Larissa – das ist Leonas Mutter – dürft ihr auch gern mal reiten. Fannys Mama – Fleurette – gehört meiner Freundin, die müssen wir erst fragen. Aber bestimmt erlaubt sie es auch.«

Jan und Leonie strahlen und führen einen regelrechten Indianertanz auf vor Freude. Später dürfen sie Susanne dann noch helfen, die Ponys zur Weide zurückzuführen. Susanne

nimmt Fanny und die Kinder führen Leona zwischen sich. Das ist gar nicht so einfach, das junge Pferd stürmt mal vor, mal lässt es sich ziehen. Langsam schwant es Leonie, dass man Reiten und den Umgang mit Ponys vielleicht doch lernen muss.

Ein eigenes Pony?

Am Sonntag holt Susanne die Kinder ab, nachdem sie nach Fanny und Leona gesehen hat. Die Ponys bleiben jetzt brav auf ihrer Koppel, Leonie und Jan kontrollieren jedes Mal auf dem Schulweg, ob ihr Wasserbottich noch voll ist und das Weidezaungerät tickt.

Susannes Freundin Marion sitzt auch mit im Auto. Sie ist blond und ein bisschen kleiner als Susanne und sie hat lustige grüne Augen und ein rotes T-Shirt an.

Ampel, denkt Leonie, sagt aber nichts.

Der Weg zu Susannes Haus ist nicht weit, sie wohnt in einer Siedlung mit Einfamilienhäusern, nur ein paar Blocks von Leonies Haus entfernt. Aber hier geht die Stadt langsam in offenes Land über, das übernächste Haus nach Susannes ist schon ein Bauernhof. Und hier wohnen auch Susannes und Marions Pferde. Die zwei Stuten begrüßen ihre Besitzerinnen mit lautem Wiehern, als das Auto auf den Hof fährt. Sie haben einen großen, mit Sand ausgelegten Auslauf neben einem alten Kuhstall. Die Tür zum Stall steht offen, sodass die Pferde selbst entscheiden können, ob sie drinnen oder draußen stehen wollen.

Man kann auch gleich erkennen, welche der beiden Stuten Fannys und welche Leonas Mutter ist. Larissa ist genauso fuchsfarben wie Leonella, nur ihre Mähne spielt eher ins Gelbliche als ins Graue. Fleurette ist etwas größer als Larissa und gescheckt.

»Larissa ist ein Haflinger und Fleurette ein Paint Horse«, erklärt Susanne. »Wie die Pferde in den Westernfilmen.«

Jan ist gleich begeistert. »Au ja! Und ich bin ein Cowboy! Darf ich Fleurette reiten? Bitte!«

Die zwei Frauen lachen.

»Erst mal darfst du ausmisten!«, dämpft Marion Jans Begeisterung und drückt ihm eine Mistgabel in die Hand.

Leonie darf Susanne helfen, die Pferde auf die Weide zu bringen. Larissa ist dabei ganz manierlich, viel braver als ihre Tochter.

»Natürlich, sie ist schließlich ein erwachsenes Reitpferd«, erklärt Susanne. »Aber es gehört viel Arbeit dazu, ein freches, kleines Fohlen so zu erziehen, dass es dann ganz lieb ist und sogar Anfänger spazieren trägt. Einfach ein Pferd kaufen und losreiten – das geht nicht!«

Leonie seufzt. Sieht aus, als habe Mama doch Recht mit den Reitstunden.

Gleich danach lernt sie erst mal ausmisten. Auch die kleine Weide der beiden Stuten wird sorgfältig vom Pferdemist gereinigt. Erst dann fangen Susanne und Marion ihre Stuten wieder ein und zeigen den Kindern, wie man sie richtig putzt. Sie lachen, als Jan fürchtet, Fleurette könnte ihn beißen.

»Das täte sie nie!«, meint Marion. »Jetzt komm, striegele sie richtig fest, das liebt sie. Ja, auch unter dem Bauch. Da kommt schließlich der Sattelgurt hin und darunter darf kein Dreck sitzen und scheuern.«

Als die Stuten sauber sind, holen die Frauen ihre Sättel. Der von Fleurette ist so schwer, dass Jan ihn kaum halten kann. Dafür ist es

aber ein richtiger Westernsattel. Tatsächlich wie im Film. Larissas ist leichter, aber für Leonie ist es doch noch zu schwer, ihn aufs Pony zu wuchten. Susanne hat ihr erklärt, dass auch Haflinger noch zu den Kleinpferden oder Ponys gehören. Aber Larissa ist deutlich größer als ihre kleine Tochter. Leonie hat noch im Nachhinein ein schlechtes Gewissen. Beinahe hätte sie sich doch wirklich auf ein Pferdebaby gesetzt! Und dabei muss Leona noch bestimmt zwanzig Zentimeter wachsen.

Auf dem Bauernhof gibt es leider keinen Reitplatz, aber Susanne und Marion versichern den Kindern, dass Larissa und Fleurette auch im Gelände ganz brav sind.

Schließlich machen sie alle sechs zusammen einen Spaziergang: Leonie und Jan reiten und Susanne und Marion gehen nebenher. Sie brauchen die Pferde aber nicht zu führen. Die Stuten sind so lieb, dass sie sogar Jans und Leonies unsicheren Zügelhilfen folgen.

»Das war total cool!«, bedankt sich Leonie,

als sie schließlich absteigen. »Oh, wirklich, das könnte ich jeden Tag machen!«

»Ein paar Straßen weiter ist ein Ponyhof«, meint Marion. »Da kommst du mit dem Fahrrad leicht hin. Und die Reitstunden sind gar nicht so teuer. Frag deine Mama doch einfach mal, ob du nicht Unterricht nehmen darfst.«

»Sie sagt bestimmt Ja«, fügt Susanne hinzu. »Als wir zusammen aufgeräumt haben, hat sie mir erzählt, dass sie sich auch mal ein Pony gewünscht hat, als sie so alt war wie Leonie.«

»Wirklich?«, fragt Leonie. »Mama hat sich mal ein Pony gewünscht?« Auf einmal scheint ihr die Erfüllung ihres Pferdetraums fast wieder in Reichweite. Wenn Mama es eigentlich auch will … und ihre kleine Schwester …

Seit vorgestern wissen sie, dass das Baby ein Mädchen wird, und jetzt hat Leonie auch angefangen, sich richtig darauf zu freuen.

Susanne nickt. »Aber anscheinend nicht genug, sonst hätte sie ja jetzt eins. Man muss es sich ganz fest wünschen, weißt du. Und sehr, sehr fleißig sein, bevor der Wunsch wahr wird. Erst musst du Reiten lernen, dann kriegst du vielleicht mal ein Pflegepferd … Letztlich ist alles möglich, aber einfach ist es nicht.«

»Machen wir's?«, fragt Leonie Jan, als sie am Abend noch mal die Tränke der Ponys kontrollieren. »Das mit dem Ponyhof, meine ich. Fahren wir morgen hin?«

Jan nickt. Und dann guckt er fast ein bisschen beschämt, weil Jungs doch eigentlich lieber Motorrad fahren oder Computer spielen, als mit Pferden umzugehen. Die nächsten Worte scheinen ihm nicht ganz leicht zu fallen.

»Ich wünsche mir das nämlich auch!«, sagt Jan. – »Ein eigenes Pony!«

John Grant

Kleine Nase

PANAMA

Aufregende Steinzeitabenteuer mit Kleine Nase

Bereits in der Steinzeit gibt es freche, kleine Jungen und Kleine Nase ist ein besonders aufmüpfiges Exemplar. Ein Wunder,dass Papa ihn überhaupt auf den Steinzeit-Markt mitnimmt! Kleine Nase mag dort besonders die Mammut-Versteigerungen, denn ein eigenes Mammut ist sein größter Wunsch! Wie Kleine Nase tatsächlich stolzer Mammut-Besitzer wird und rund um die Höhle gefährliche Abenteuer erlebt, davon erzählen die witzigen Geschichten aus der Steinzeit.

Abenteuer im Steinzeittal
Band 1
ISBN 978-3-570-13549-5

Der Steinzeitjäger
Band 2
ISBN 978-3-570-13550-1

Das Mammut-Abenteuer
Band 3
ISBN 978-3-570-13646-1

5431/3

cbj

www.cbj-verlag.de

Brian James

Die Piratenschule

PANAMA

Spannende Abenteuer in der Piratenschule

Seeräuberkapitän Stinkebart eröffnet auf seinem Schiff eine Piratenschule und erklärt kurzerhand den berüchtigten Moderzahn zum Lehrer. Doch der hat auf Lehrerspielen keine Lust. Da nehmen es die Schüler selbst in die Hand, spannende Abenteuer zu erleben. Sie wollen den Schatz der Schlangeninsel finden und das Geheimnis des Geisterschiffes lüften. Als die »Seeratte« plötzlich von einem feindlichen Piratenschiff angegriffen wird, ist wahrer Seeräubermut gefragt!

Der Fluch der Schlangeninsel
Band 1
ISBN 978-3-570-13617-1

Geisterschiff voraus
Band 2
ISBN 978-3-570-13618-8

Angriff auf hoher See
Band 3
ISBN 978-3-570-13637-9

5432/3

cbj

www.cbj-verlag.de